Impressum
Verlag: BABADADA GmbH, Nedderfeld 112 , 22529 Hamburg
Geschäftsführer / Verlagsleitung: Harald Hof
Druck: Books on Demand GmbH, In de Tarpen 42, 22848 Norderstedt

Imprint
Publisher: BABADADA GmbH, Nedderfeld 112 , 22529 Hamburg, Germany
Managing Director / Publishing direction: Harald Hof
Print: Books on Demand GmbH, In de Tarpen 42, 22848 Norderstedt, Germany

ښوونځی
Šola

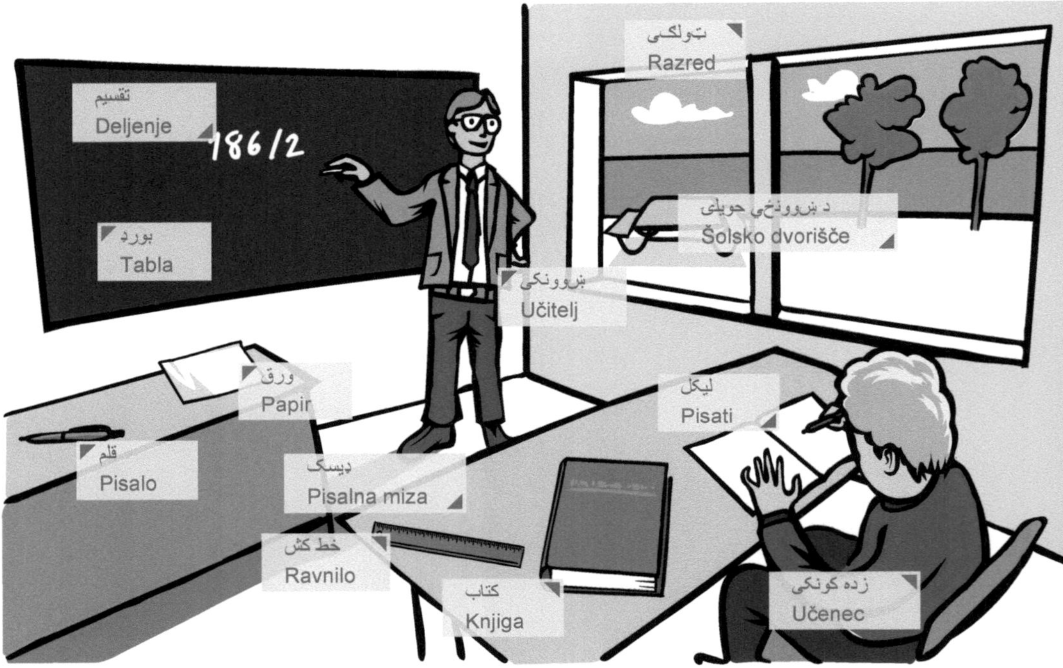
ټولګی
Razred
تقسیم
Deljenje
186/2
بورډ
Tabla
د ښوونځي حویلی
Šolsko dvorišče
ښوونکی
Učitelj
ورق
Papir
لیکل
Pisati
قلم
Pisalo
ډیسک
Pisalna miza
خط کش
Ravnilo
کتاب
Knjiga
زده کونکی
Učenec

کڅوړه
Šolska torba

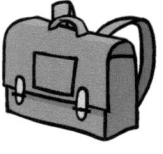

د پنسل بکسه
Peresnica

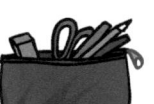

پنسل
Svinčnik

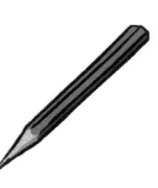

پنسل تراش
Šilček

ربړ
Radirka

د رسامۍ پاڼه
Risalni blok

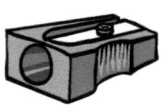

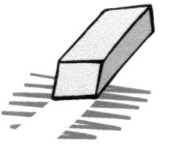

رسامي

Risba

د نقاشی برس

Čopič

د نقاشی بکس

Vodene barvice

قیچي

Škarje

سریش

Lepilo

د تمرین کتاب

Zvezek

د کورنی ددنده

Domača naloga

شمیر

Število

جمع

Seštevanje

منفي

Odštevanje

ضرب

Množenje

حساب

Računanje

توری

Črka

الفبا

Abeceda

hello

کلمه

Beseda

متن
Besedilo

لوستل
Brati

تباشیر
Kreda

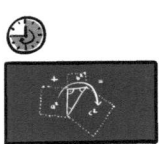

درس
Učna ura

ترجار
Redovalnica

ازمونینه
Preizkus znanja

هپانه‌قیدصت
Spričevalo

د ښوونځي يونيفارم
Šolska uniforma

تعلیم
Izobrazba

دایره المعارف
Enciklopedija

پوهنتون
Univerza

مایکروسکوپ
Mikroskop
.

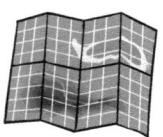

نقشه
Zemljevid

اشغالدانی
Koš za smeti

سفر
Potovanje

هوټل
Hotel
Grand
لیلیه
Hostel
ROOMS
د اسعارو د تبادلې دفتر
Menjalnica
بکس
Kovček
موټر
Avtomobil

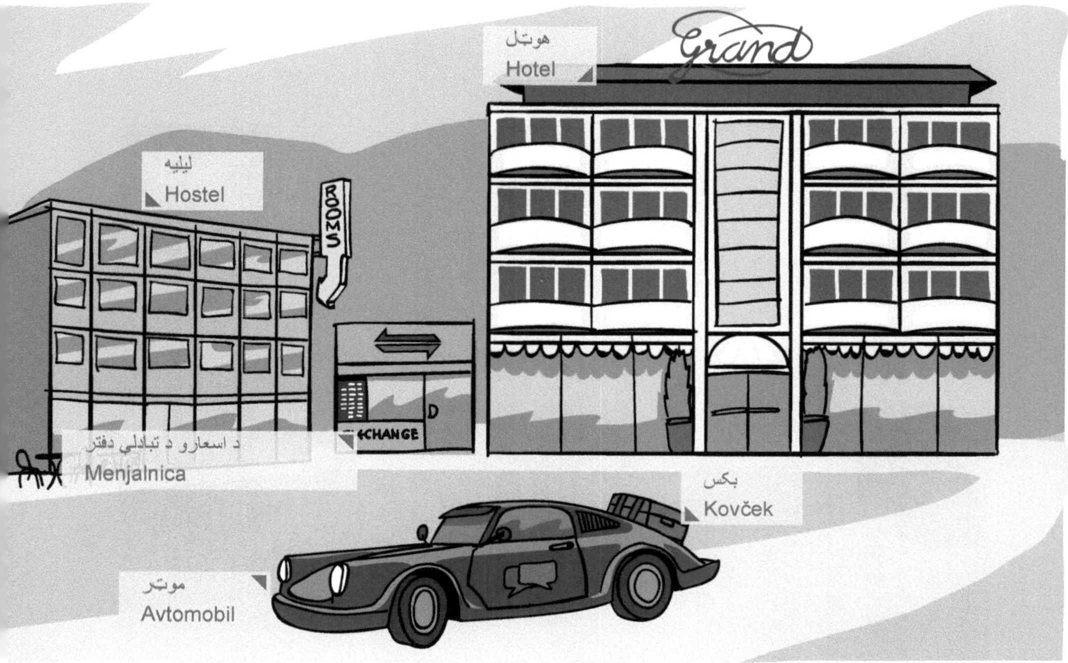

ژبه

Jezik

هو/نه

da / ne

سمه ده

Prav

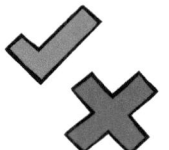

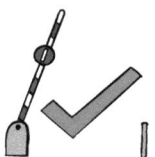

سلام

Pozdravljeni

ژباړونکی

Prevajalec

مننه

Hvala

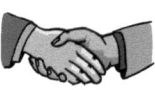

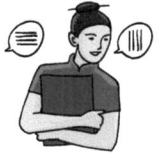

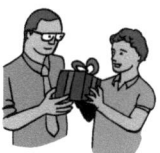

غومره دي...؟

Koliko stane…?

زه نه پوهیږم

Ne razumem

ستونزه

Težava

ماښام مو پخیر!

Dober večer!

سهار په خیر!

Dobro jutro!

شپه په خیر!

Lahko noč!

په مخه مو ښه

Nasvidenje

لارښود

Smer

سامان

Prtljaga

بیگ

Torba

شاتنی بکس

Nahrbtnik

میلمه

Gost

خونه

Soba

د خوب کڅوړه

Spalna vreča

خیمه

Šotor

د توريزم معلومات
Turistične informacije

ساحل
Plaža

کریدیت کارت
Kreditna kartica

ناری
Zajtrk

د غرمی خواړه
Kosilo

د شپی خواړه
Večerja

تیکټ
Vozovnica

لفټ
Dvigalo

مهر
Znamka

پوله
Meja

ګمرک
Carina

سفارت
Veleposlaništvo

ویزه
Vizum

پاسپورټ
Potni list

Prevoz

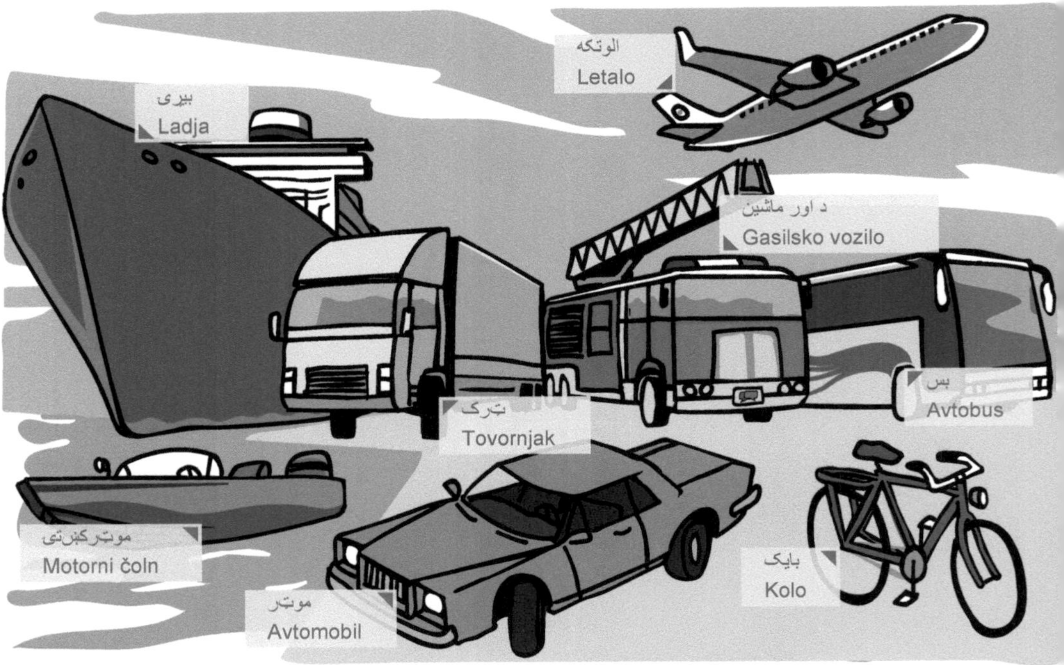

الوتکه
Letalo
بېړۍ
Ladja
د اور ماشین
Gasilsko vozilo
بس
Avtobus
ټرک
Tovornjak
موټرکښتۍ
Motorni čoln
بایک
Kolo
موټر
Avtomobil

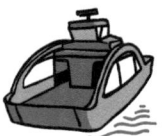

کښتۍ

Trajekt

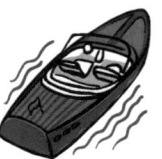

کښتۍ

Čoln

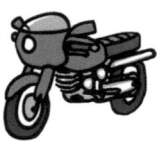

موټرسایکل

Motorno kolo

د پولیسو موټر

Policijski avto

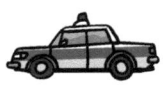

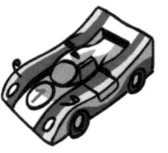

د ریس موټر

Dirkalni avto

کرایي موټر

Najeto vozilo

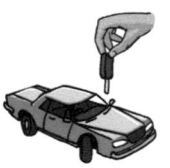

د کرایه موټری

Souporaba avtomobila

د کرکټ لیل کونکی ټرک

Avtovleka

د کرکټ زویفیر

Smetarsko vozilo

موټر

Motor

سونک توکي

Gorivo

پټرول سټیشن

Bencinska postaja

د ټرافیکي نښه

Prometni znak

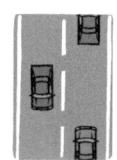

ټرافیک

Promet

د ټرافیک جام

Zastoj

د موټرو تمځای

Parkirišče

د ریل سټیشن

Železniška postaja

پاتکي

Tirnice

ریل

Vlak

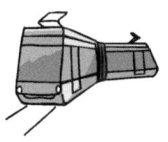

ټرام

Tramvaj

واګون

Vagon

چورلکه

Helikopter

هوايي ډگر

Letališče

برج

Stolp

مسافر

Potnik

کانټينر

Kontejner

کارتون

Karton

کارټ

Voziček

ټوکری

Košara

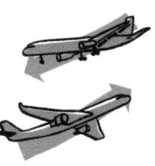

الوتنه کول/کبنيناستل

vzleteti / pristati

رابښن

Mesto

کلی

Vas

د ښار مرکز

Mestno jedro

کور

Hiša

سینما
Kino

اعلان
Reklama

CINEMA

د کوڅې لامپ
Ulična svetilka

کوڅه
Ulica

ټیکسي
Taksi

د حوارو پلورنځی
Kiosk

پیاده
Pešec

پلي لاره
Pločnik

د تیریدو لاره
Križišče

د سړک څخه تیریدو لاره
Prehod za pešce

اشغالداني (لوی)
Smetnjak

د ترافیک څراغونه
Semafor

کودله
....
Koča

اپارتمان
....
Stanovanje

د ریل سټیشن
....
Železniška postaja

تاون هال
....
Mestna hiša

میوزیم
....
Muzej

ښوونځی
....
Šola

پوهنتون

Univerza

بانک

Banka

روغتون

Bolnišnica

هوټل

Hotel

درملتون

Lekarna

دفتر

Pisarna

کتاب پلورنځی

Knjigarna

پلورنځی

Trgovina

د ګلانو پلورنځی

Cvetličarna

لوی پلورنځی

Supermarket

مارکیت

Tržnica

د ډیپارتمنت ستور

Veleblagovnica

کب پلورنځی

Ribarnica

د پلور مرکز

Nakupovalno središče

لنګرتون

Pristanišče

پارک

Park

بینچ

Klop

پل

Most

زینه

Stopnice

د خمکی لاندی

Podzemna železnica

تونل

Predor

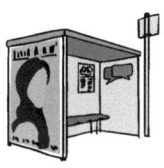

بس تمخای

Avtobusno postajališče

بار

Bar

ریستورانت

Restavracija

پوست بکس

Poštni nabiralnik

د کوڅی نښه

Ulična tabla

د پارک کولو میټر

Parkirna ura

ژوبڼ

Živalski vrt

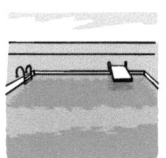

د لامبو حوض

Kopališče

مسجد

Mošeja

کرونده

Kmetija

ناپاکي

Onesnaževanje

هدیره

Pokopališče

چرچ

Cerkev

د لوبو ډګر

Otroško igrišče

معبد/کلیسا

Tempelj

منظره

Pokrajina

پانه
List

د لارښوونی نښه
Kažipot

لاره
Pot

چمن
Travnik

کانی
Kamen

ونه
Drevo

هیګر
Pohodnik

سیند
Reka

واښه
Trava

ګل
Cvetlica

دره
....
Dolina

غونډی
....
Hrib

ناور
....
Jezero

ځنګل
....
Gozd

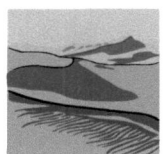

دشته
....
Puščava

اورشيندی
....
Vulkan

کلا
....
Grad

رنګين کمان
....
Mavrica

مرخيړي
....
Goba

پلم ونه
....
Palma

ماشي
....
Komar

الوتل
....
Muha

ميږی
....
Mravlja

مچی
....
Čebela

غوونډ/جولا
....
Pajek

کـونگـتّ

Hrošč

چونگـشـه

Žaba

نولی

Veverica

زیریکی

Jež

سوی

Zajec

کـونگ

Sova

مرغی

Ptič

قازه

Labod

نرخوک

Divji prašič

هوسی

Jelen

گاوزه

Los

بند

Jez

بادي توربین

Vetrnica

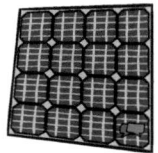

سولر تختی

Solarna plošča

اقلیم

Podnebje

پێشخدمت
Natakar

مینو
Jedilnik

چوکی
Stol

پیزا
Pica

سوپ
Juha

کەوتوت زیمد
Prt

بشاخى، چاقۆ، کاشوغە
Pribor

ستارتەر
Predjed

خۆراکى يەلصا
Glavna jed

شیرینى
Sladica

کاشبخ
Pijače

خۆراکە
Hrana

بۆتڵ
Steklenica

فاسټ فوډ

Hitra hrana

د کوڅۍ خواړه

Ulična hrana

چای جوش

Čajnik

قندانی

Sladkornica

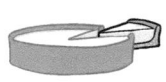

برخه

Porcija

اسپرسو مشین

Aparat za espresso

لوړه چوکۍ

Stolček za hranjenje

رسید

Račun

مجمه

Pladenj

چاکو

Nož

پنجه

Vilica

قاشق

Žlica

چای قاشق

Čajna žlička

سرویت

Servieta

ګلاس

Kozarec

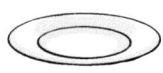

پلیټ
....
Krožnik

د سوپ پلیټ
....
Globoki krožnik

نالبکی
....
Krožniček

ساس
....
Omaka

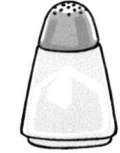

مالګه شیندونکی
....
Solnica

د مرچ کوکولو لوخی
....
Mlinček za poper

سرکه
....
Kis

غوري
....
Olje

مساله
....
Začimbe

کچ اپ
....
Kečap

مشرشُ
....
Gorčica

چکه
....
Majoneza

لوی پلورنځی

Supermarket

خانګړی وړاندیز
Posebna ponudba
FOR
پیرودونکی
Stranka
لبنیات
Mlečni izdelki
میوه
Sadje
لاسي ګاډی
Nakupovalni voziček

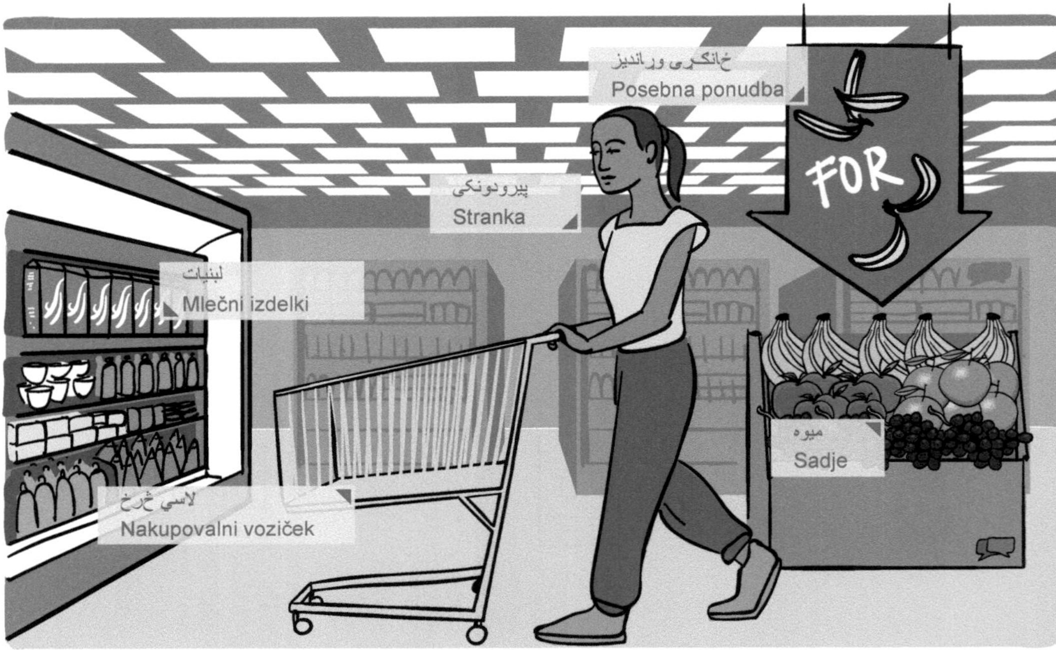

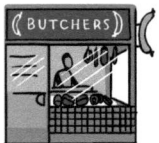

BUTCHERS

قصابي

Mesnica

BAKERY

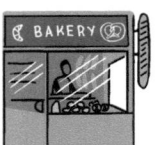

نانوایی

Pekarna

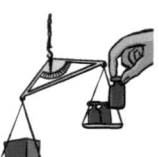

وزن کول

Tehtati

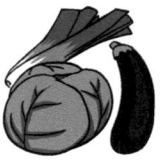

سبزیجات

Zelenjava

غوښه

Meso

کنګل خواړه

Zamrznjena hrana

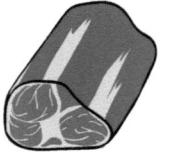

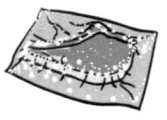

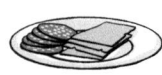

یخه غوښه

Hladne mesnine

کنسروا خواره

Konzerve

د مینځلو پودر

Pralni prašek

شیریني

Sladkarije

کورني تولیدات

Gospodinjski izdelki

د پاکولو محصولات

Čistilno sredstvo

د پلور فرد

Prodajalka

د نغدي راجستر

Blagajna

صراف

Blagajnik

د پیرود لیست

Nakupovalni seznam

کاري ساعتونه

Delovni čas

بټوه

Denarnica

کریدیت کارت

Kreditna kartica

کڅوړه

Torba

پلاستیک کڅوړه

Plastična vrečka

اوبه

Voda

سوج

Sok

هدیش

Mleko

کوک

Kola

نیاو

Vino

ریب

Pivo

لوکلا

Alkohol

واکک

Kakav

یاچ

Čaj

یفاک

Kava

وسرپسا

Espresso

ونیچپک

Kapučino

کیله

Banana

مڼه

Jabolko

نارنج

Pomaranča

هندوانه

Lubenica

لیمو

Limona

گازره

Korenje

هوږه

Česen

بانکس

Bambus

پیاز

Čebula

مرخیړي

Goba

چغزی

Oreščki

آش

Rezanci

سپيگټي

Špageti

وريجی

Riž

سلاد

Solata

چپس

Ocvrt krompirček

سره کري کچالو

Pečen krompir

پيزا

Pica

همبرګر

Hamburger

ساندويچ

Sendvič

كتره

Zrezek

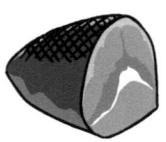

د پتون غوښه

Šunka

سلمي

Salama

ساسچ

Klobasa

چرګ

Piščanec

روسټ

Pečenka

كب

Riba

د وربشي شیرني

Ovseni kosmiči

موسلي

Musli

د جوار پلی

Koruzni kosmiči

اوړه

Moka

کروسانت

Rogljiček

د ډوډی رول

Žemlja

ډوډی

Kruh

تۀوسټ

Prepečenec

بسکیت

Piškoti

کوچ

Maslo

چکه

Skuta

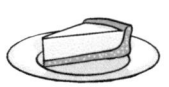

کیک

Torta

هګی

Jajce

پښی هګی

Pečeno jajce na oko

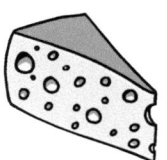

پنیر

Sir

آیس کریم

Sladoled

بوره

Sladkor

شهد

Med

مربا

Marmelada

نوگات کریم

Čokoladni namaz

کورکمان

Kari

Farm

د کروندي خونه
Kmečka hiša

غوجل
Skedenj

د بوسو ګیډی
Bala slame

خمکه
Polje

اس
Konj

لاس ګاډی
Prikolica

کوچنی اس
Žrebe

تریکتر
Traktor

خر
Osel

پسه
Ovca

وری
Jagnje

وزه
....
Koza

غوا
....
Krava

خوسکی
....
Tele

خوګ
....
Prašič

د خوګ بچی
....
Pujsek

غویی
....
Bik

بتهٔ

Gos

هیلی

Raca

چرګوری

Piščanec

چرګه

Kokoš

بانګي

Petelin

سارای موږک

Podgana

پیشک

Mačka

موږک

Miš

غویی

Vol

سپی

Pes

د سپي خونه

Pasja uta

د باغ هوز

Cev za zalivanje

د اوبو لوخی

Kangla za zalivanje

لور (داس)

Kosa

یوی

Plug

لور

Srp

رمبى

Motika

شاخى

Vile

تبر

Sekira

چارک

Samokolnica

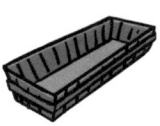

هاون

Korito

د شیدو لوخى

Kangla za mleko

جوال

Vreča

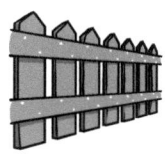

کتۍاره

Ograja

طبوضم

Hlev

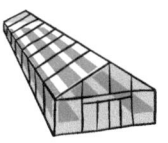

شنه خونه

Rastlinjak

خاوره

Prst

تخم

Seme

کود/ه رهسر

Gnojilo

گـد ریبونکى ماشین

Kombajn

لوک همریز

Žeti

درمند

Žetev

ولاچک هراوخ

Jam

منغ

Pšenica

ایوس

Soja

ولاچک

Krompir

راوج

Koruza

مخت یتابن

Oljna ogrščica

هنو یویم د

Sadno drevo

کوینام

Maniok

هلغ

Žito

درخه
Dimnik

بام
Streha

ناودان
Žleb

کرکی
Okno

کراج
Garaža

د دروازی زنگ
Zvonec

دروازه
Vrata

اشغالدانی
Koš za smeti

د لیک بکس
Poštni nabiralnik

باغ
Vrt

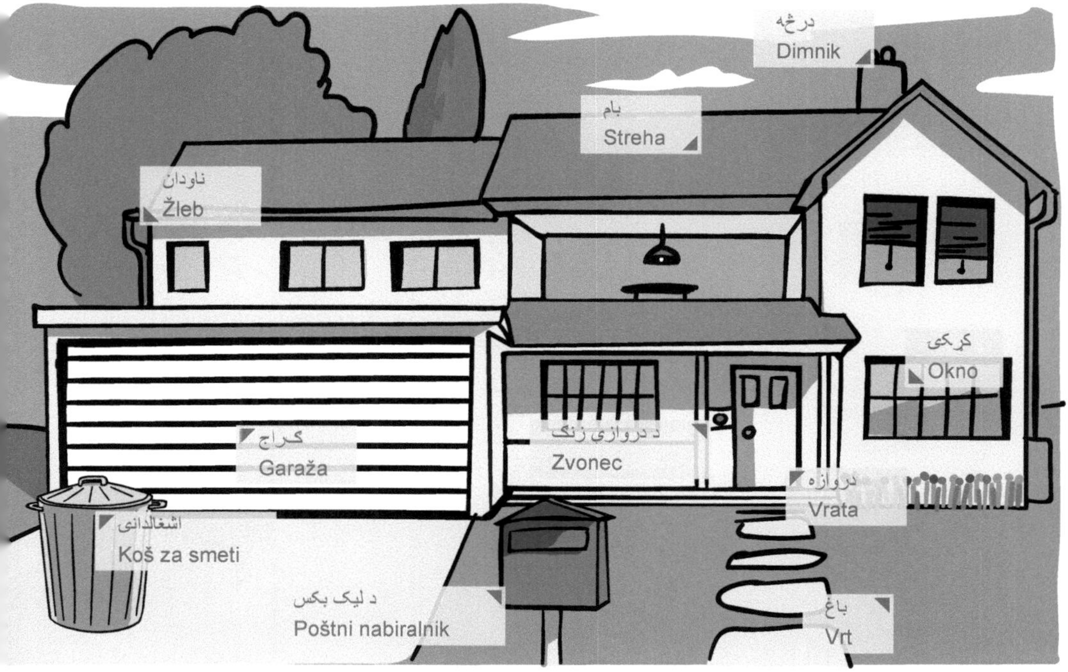

د اوسیدو خونه
Dnevna soba

حمام
Kopalnica

پخلنځی
Kuhinja

د ویده کیدو خونه
Spalnica

د ماشوم خونه
Otroška soba

د خوارو خونه
Jedilnica

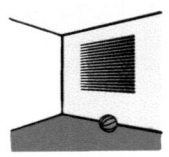

شرف

Tla

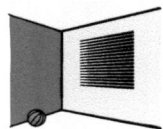

لاودید

Stena

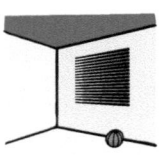

تچ

Strop

زیرخانه

Klet

اناوس

Savna

بالکونی

Balkon

ساراست

Terasa

حوض

Bazen

د چمن وهلو ماشین

Kosilnica

تینش

Rjuha

روجایی

Posteljno pregrinjalo

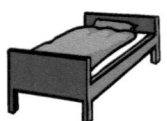

تخت

Postelja

وراج

Metla

هکوب

Vedro

سویچ

Stikalo

Dnevna soba

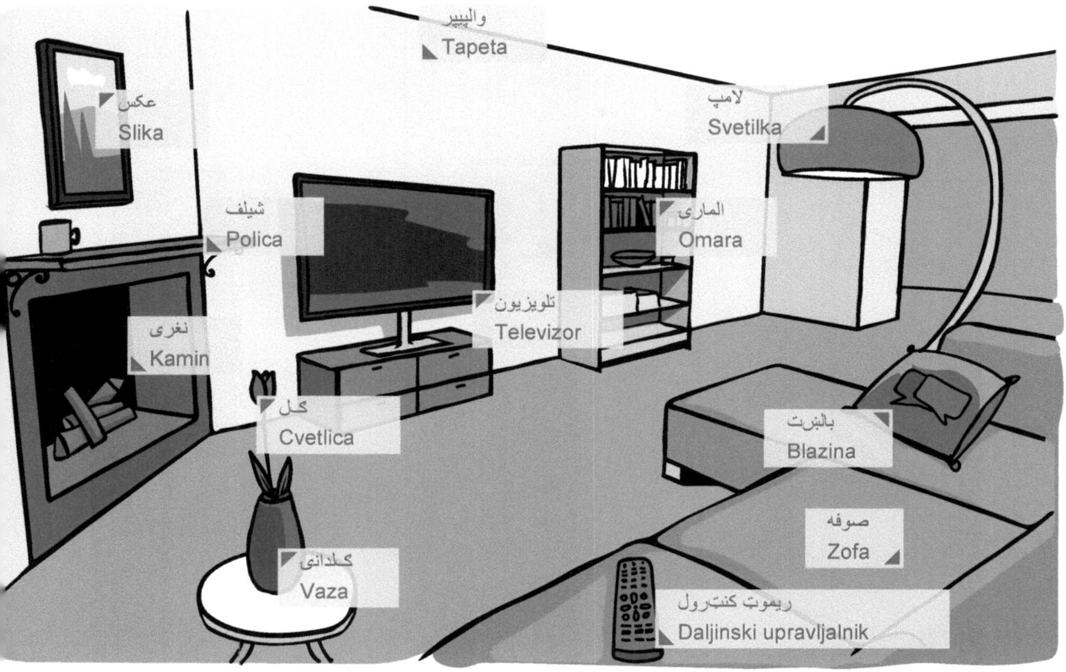
والپيپر
Tapeta
عکس
Slika
لامپ
Svetilka
شیلف
Polica
الماری
Omara
تلویزیون
Televizor
نغری
Kamin
ګل
Cvetlica
بالښت
Blazina
صوفه
Zofa
ګلدانی
Vaza
ریموټ کنټرول
Daljinski upravljalnik

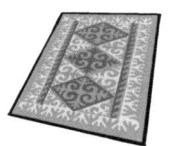

غالی
....
Preproga

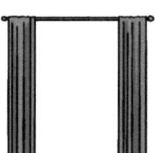

پرده
....
Zavesa

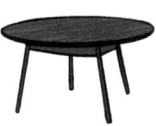

میز
....
Miza

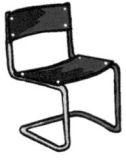

چوکی
....
Stol

تاویدونکي چوکی
....
Gugalnik

بازو لرونکی چوکی
....
Naslanjač

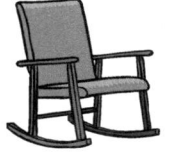

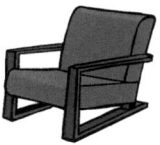

كتاب

Knjiga

كمپل

Odeja

ديكوريشن

Dekoracija

د اور لرګي

Drva

فلم

Film

هايفای

Glasbeni stolp

كلي

Ključ

ورځپانه

Časopis

نقاشي

Slika

پوستر

Plakat

راديو

Radio

كتابچه

Beležka

واكيوم جارو

Sesalnik

كاكتوس

Kaktus

شمع

Sveča

پخلنځی
Kuhinja

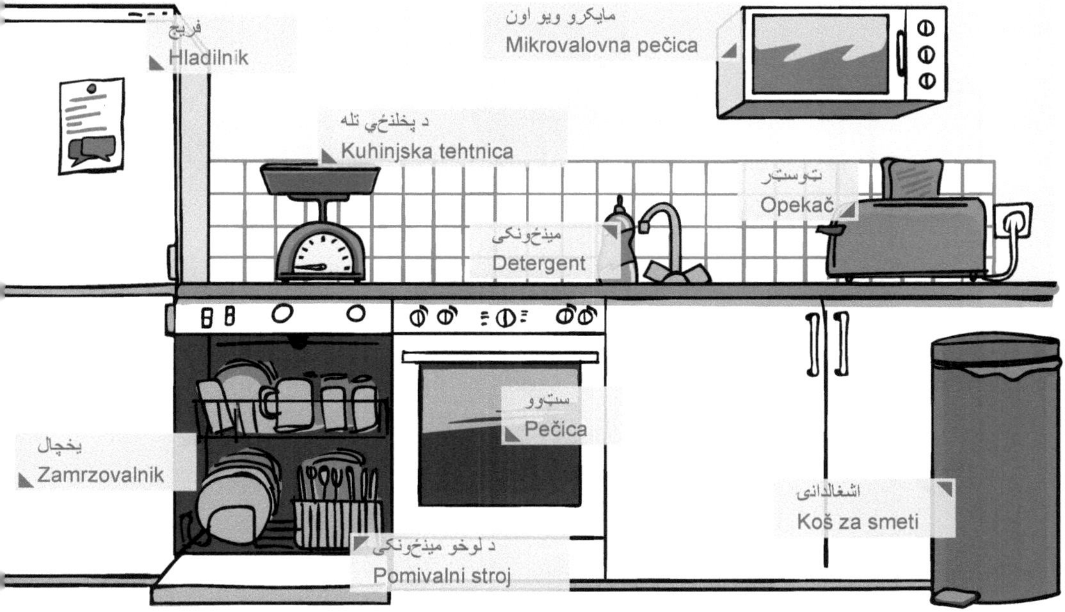

فریج
Hladilnik
مایکرو ویو اون
Mikrovalovna pečica
د پخلنځي تله
Kuhinjska tehtnica
ټوستر
Opekač
مینځونکی
Detergent
سټوو
Pečica
یخچال
Zamrzovalnik
اشغالدانی
Koš za smeti
د لوخو مینځونکی
Pomivalni stroj

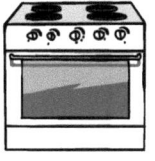

دیګ بخار

Kozica

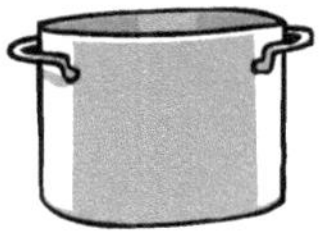

لوخی

Lonec

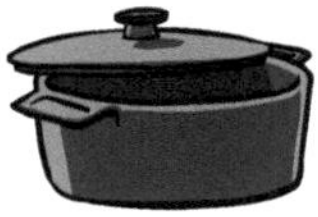

چدني لوخی

Litoželezni lonec

ووک

Vok / kadai

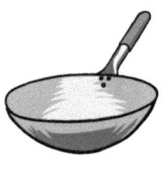

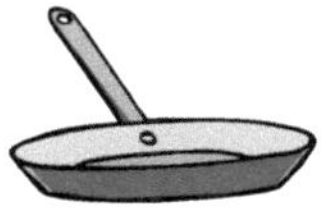

د تلي په

Ponev

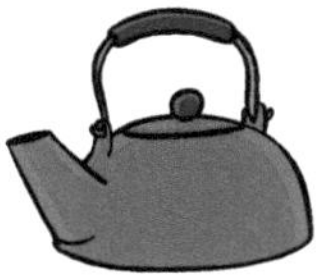

چای جوش

Kotliček

د بخار دیگ

Parni kuhalnik

پتنوس

Pekač

لوخي

Posoda

مگ

Skodelica

کاسه

Skleda

د رانیولو اوزار

Jedilne paličice

څمخی

Zajemalka

کفگیر

Lopatica

پاکونکی

Metlica

صافي

Cedilnik

غلبیل

Cedilo

کریتر

Strgalo

اونگ

Možnar

بار بي کیو

Žar

خلاص اور

Ognjišče

تخته

Deska za rezanje

هوارونکی

Valjar

کارک سکریو

Odpirač za steklenice

ټیم

Pločevinka

د ټیم خلاصونکی

Odpirač za konzerve

د لوخي ټووتّه

Prijemalka za posodo

ظرف شوی

Korito

برس

Ščetka

سپنج

Goba

بلیندر

Mešalnik

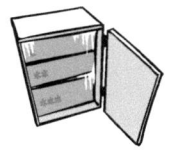

ژور یخچال

Zamrzovalna skrinja

د ماشوم بوتل

Steklenička

نل

Pipa

حمام

Kopalnica

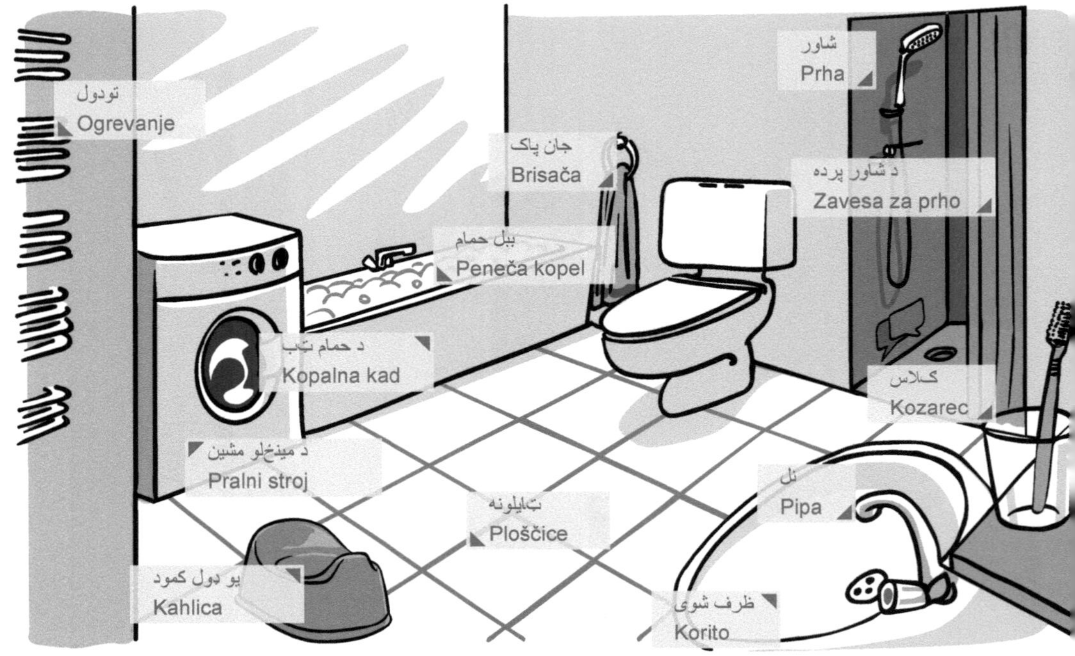

تودول
Ogrevanje
جان پاک
Brisača
شاور
Prha
د شاور پرده
Zavesa za prho
ببل حمام
Peneča kopel
د حمام ټب
Kopalna kad
ګلاس
Kozarec
د مینځلو مشین
Pralni stroj
نل
Pipa
ټایلونه
Ploščice
یو دول کموډ
Kahlica
ظرف شوی
Korito

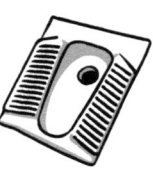

تشناب

Stranišče

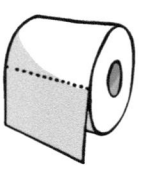

فرشي کموډ

Stranišče na počep

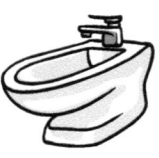

کموډ

Bide

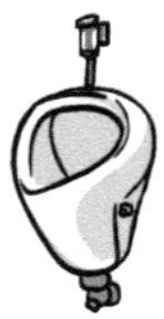

د متیازو ځای

Pisoar

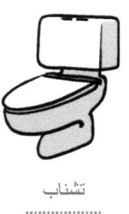

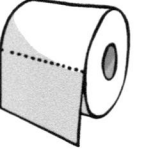

تشناب کاغذ

Toaletni papir

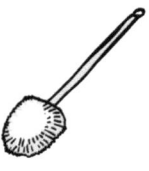

د تشناب برس

Ščetka za straniščno školjko

د غاښونو برس

Zobna ščetka

د غاښونو کریم

Zobna pasta

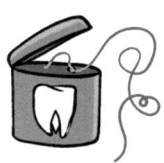

د غاښونو خن

Zobna nitka

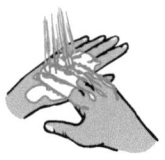

مينځل

Umiti se

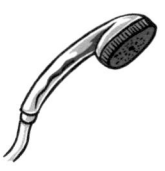

لاسي شاور

Ročna prha

دوش

Prha za intimne dele

خانک

Umivalnik

د شا برس

Krtača za hrbet

صابون

Milo

د شاور ژل

Gel za prhanje

شامپو

Šampon

فلانل جامه

Krpica za miljenje

وچول

Odtok

کریم

Krema

سپری

Deodorant

آینه

Ogledalo

آینه یسالا

Ročno ogledalo

ریزر

Britvica

موف ولیرخ د

Pena za britje

هتسوورو ولیرخ د

Vodica po britju

خمنگک

Glavnik

سرب

Ščetka

یکنوچو وناتشبیو د

Sušilnik za lase

یرپس وناتشبیو د

Lak za lase

پا کیم

Ličila

کیتس پیل

Šminka

شلاپ وناکون د

Lak za nohte

یرو نتیاک

Vatirane blazinice

ریگ ناخان

Škarjice za nohte

رطع

Parfum

د مینځلو کڅوړه

Toaletna torbica

سټول

Stol brez naslonjala

د وزن کولو تله

Osebna tehtnica

د حمام پوښاک

Kopalni plašč

د ربړ دستکش

Gumijaste rokavice

تامپون

Tampon

صحیی جان پاک

Damski vložki

کیمیکل تشناب

Kemično stranišče

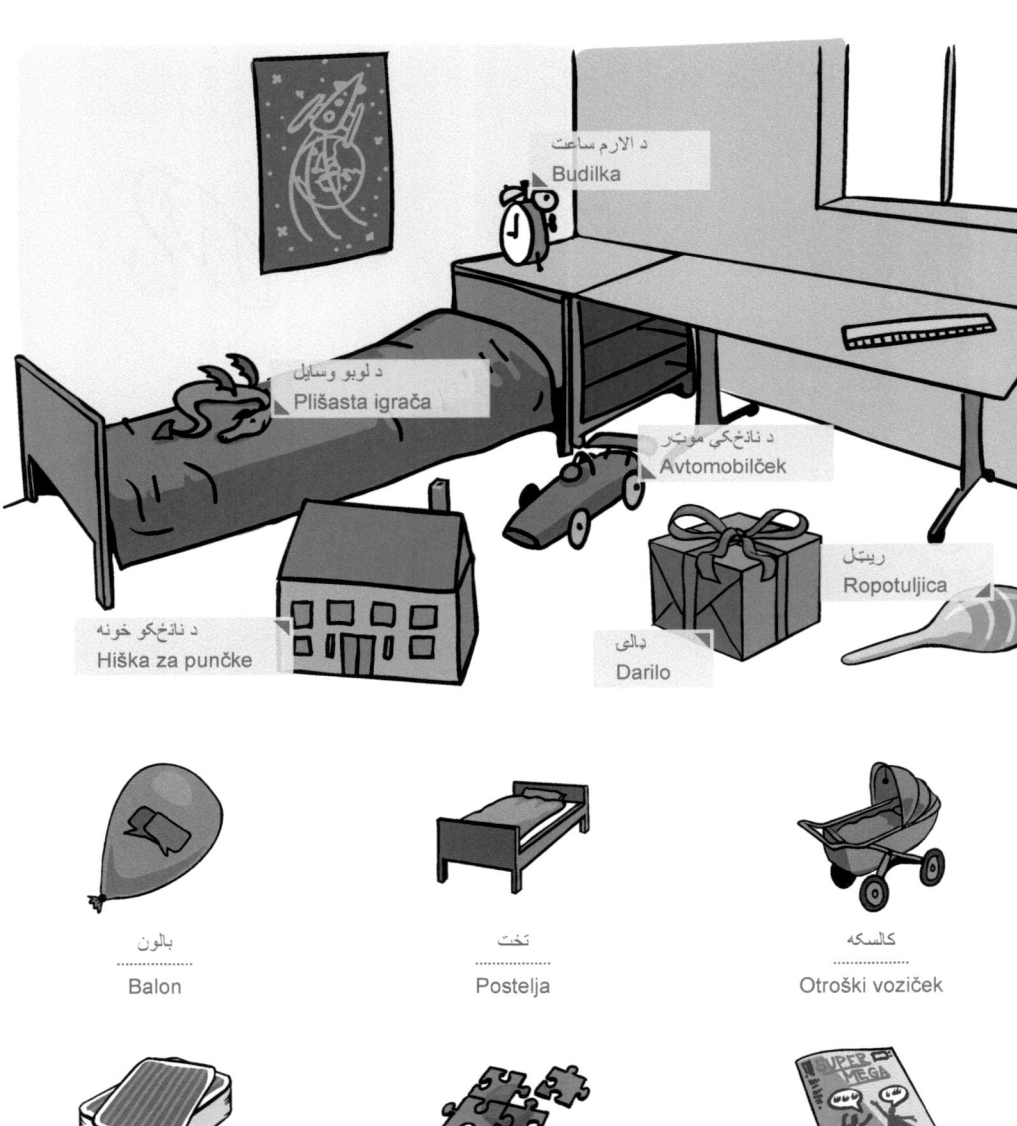

د الارم ساعت
Budilka

د لوبو وسايل
Plišasta igrača

د ناڅخكي موټر
Avtomobilček

ريتل
Ropotuljica

د ناڅخكو خونه
Hiška za punčke

ډالۍ
Darilo

بالون
....
Balon

تخت
....
Postelja

كالسكه
....
Otroški voziček

د لوبو ورقي
....
Igralne karte

جيگسا
....
Sestavljanka

مسخره
....
Strip

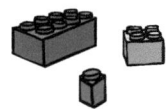

لیګو بریک

Lego kocke

د ناناخکو بلاک

Igralne kocke

د اکشن فیګور

Akcijska figura

د ماشوم پوښاک

Bodi

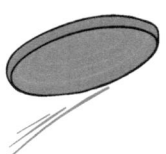

فریزبي

Frizbi

موبایل

Vrtiljak za posteljico

بورد لوبه

Namizna igra

تاس

Kocka

مادل ریل سیټ

Komplet modelov vlakov

ګونګشی

Duda

پارټي

Zabava

د عکسونو البوم

Slikanica

بال

Žoga

ناناخکه

Lutka

لوبیدل

Igrati se

د شگو کنده
Peskovnik

سوینګ
Gugalnica

نانځکی
Igrače

د ویډیو لوبو کنسول
Igralna konzola

تررای سایکل
Tricikel

کوډکه
Plišasti medvedek

د کالو الماری
Garderoba

پوښاک

Oblačilo

جرابي
Nogavice

لوړي جرابي
Samostoječe nogavice

ستایتس
Hlačne nogavice

زروکی
Šal

چتری
Dežnik

تي شرت
Majica s kratkimi rokavi

کمربند
Pas

بوتان
Škornji

سلپیر
Copati

سنیکر
Športni copati

سیندل
Sandali

بوتان
Čevlji

د ربر بوتان
Gumijasti škornji

زیرنیکري
Spodnje hlače

سینه بند
Modrček

واسکټ
Telovnik

بادي

Bodi

پتلون

Hlače

جينز

Kavbojke

لمن

Krilo

بلاوز

Bluza

شرت

Srajca

بنيان

Pulover

سويتر

Pletena jopica

بليزر

Jopa

جاكت

Jakna

كوت

Plašč

د باران كوت

Dežni plašč

پوښاک

Kostim

كالي

Obleka

د واده پوښاک

Poročna obleka

پوښاک - Oblačilo

دريشي

Obleka

د شپې پوښاک

Spalna srajca

پاجامه

Pižama

ساري

Sari

ټوپۍله

Naglavna ruta

پټکی

Turban

برقه

Burka

کفتن

Kaftan

عبا

Abaja

د لامبو پوښاک

Kopalke

نیکر

Kopalne hlače

شارت

Kratke hlače

د خځغاستي پوښاک

Trenirka

پیش بند

Predpasnik

دستکش

Rokavice

بتّن
Gumb

عینک
Očala

لاس بند
Zapestnica

غاره کۍ
Verižica

مهتوگ
Prstan

غوږوالۍ
Uhan

خولۍ
Kapa

کوت بند
Obešalnik

خولۍ
Klobuk

نتایی
Kravata

زنځیر
Zadrga

هیلمیت
Čelada

تړونکی
Naramnice

د ښوونځي يونيفارم
Šolska uniforma

يونيفارم
Uniforma

کاشپوپ - Oblačilo

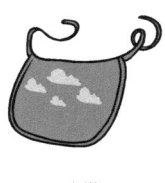

بيب
....
Slinček

ګونګشی
....
Duda

نيپي
....
Plenica

دفتر
Pisarna

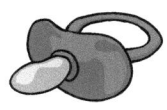

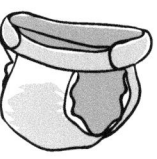

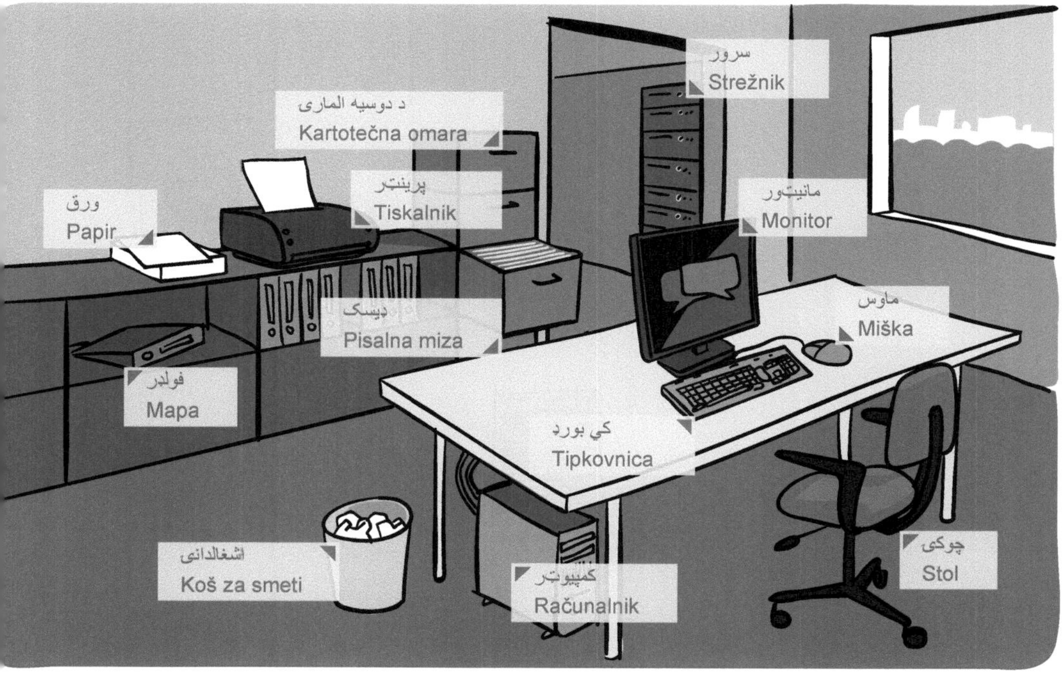

سرور
Strežnik
د دوسيه الماری
Kartotečna omara
پرينټر
Tiskalnik
ورق
Papir
مانيټور
Monitor
ډيسک
Pisalna miza
ماوس
Miška
فولډر
Mapa
کي بورډ
Tipkovnica
اشغالدانی
Koš za smeti
کمپيوټر
Računalnik
چوکی
Stol

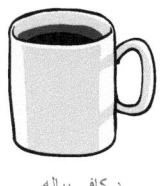

د کافي پياله
....
Lonček za kavo

کالکوليټر
....
Kalkulator

انټرنيټ
....
Internet

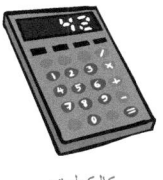

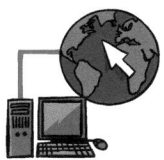

پاپ تـاپ لـیپ

Prenosnik

کـیل

Pismo

مـاغیپ

Sporočilo

لـیابوم

Mobilnik

کـرویتـنین

Omrežje

ریپاپکوتـوف

Kopirni stroj

ریـوتـفاس

Programska oprema

نوفیلـتـ

Telefon

تـساکـپ کـلـپ

Vtičnica

نیشـم سکـف

Telefaks

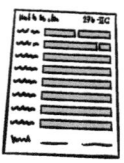

مـارف

Obrazec

دنـسـ

Dokument

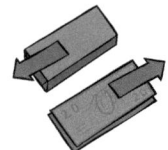

پیر ل

Kupiti

لوک هیداتا

Plačati

لوک يركادوس

Trgovati

پیسی

Denar

دالر

Dolar

وورو

Evro

ین

Jen

لبر

Rubelj

کنارف يسيوس

Švičarski frank

ناوی يبنيمینر

Kitajski juan renminbi

روپی

Rupija

یاخ وسیپ يدغن د

Bankomat

د اسعارو د تبادلی دفتر

Menjalnica

سره زر

Zlato

سپین زر

Srebro

تیل

Nafta

انرژي

Energija

نرخ

Cena

قرارداد

Pogodba

مالیه

Davek

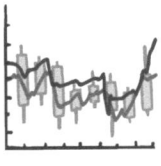

اسهام

Delnice

کار کول

Delati

کارمند

Delojemalec

کار گـومارونکی

Delodajalec

فابریکه

Tovarna

پلورنځی

Trgovina

مسلکونه
Poklici

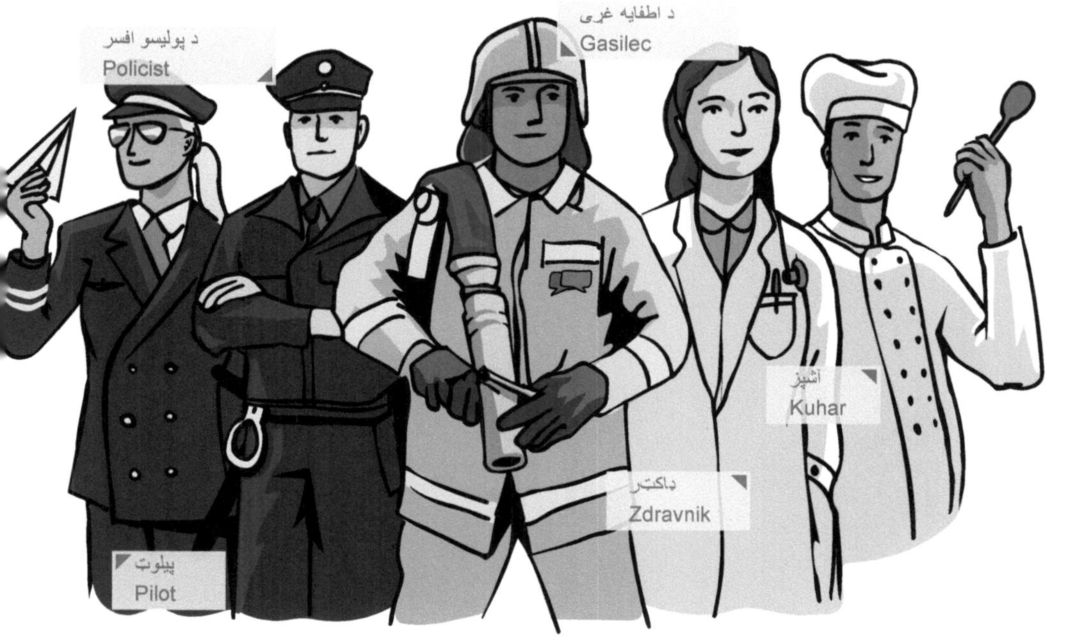

د پولیسو افسر
Policist
د اطفایه غړی
Gasilec
آشپز
Kuhar
داکتر
Zdravnik
پیلوټ
Pilot

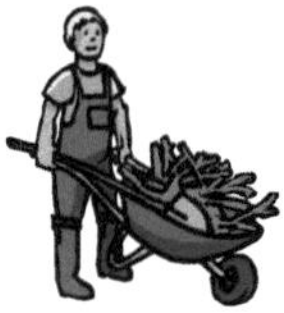

باغوان

Vrtnar

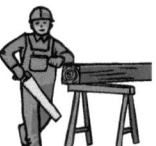

نجار

Mizar

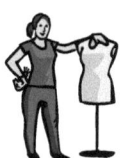

خیاط

Šivilja

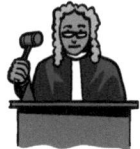

قاضي

Sodnik

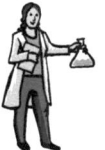

کیمیا پوه

Kemik

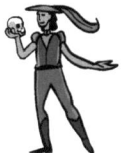

د فلم لوبغاړی

Igralec

د بس ډرايور

Voznik avtobusa

د ټيکسي ډرايور

Taksist

کب نيونکی

Ribič

خدمه

Čistilka

بام جوړونکی

Krovec

پيشخدمت

Natakar

ښکاري

Lovec

نقاش

Pleskar

نانوا

Pek

د برېښنا کارکونکی

Električar

تعمير جوړونکی

Gradbenik

انجنير

Inženir

قصاب

Mesar

نلدوان

Vodovodni inštalater

پوسټ رسونکی

Poštar

سرتیری

Vojak

مهندس

Arhitekt

صراف

Blagajnik

مالیار

Cvetličar

نایی

Frizer

کلیندر

Sprevodnik

میکانیک

Mehanik

کپتان

Kapitan

د غاښونو ډاکتر

Zobozdravnik

ساینس پوه

Znanstvenik

شلغاى

Rabin

امام

Imam

مذهبي نفر

Menih

پادري

Duhovnik

لوازم
Orodje

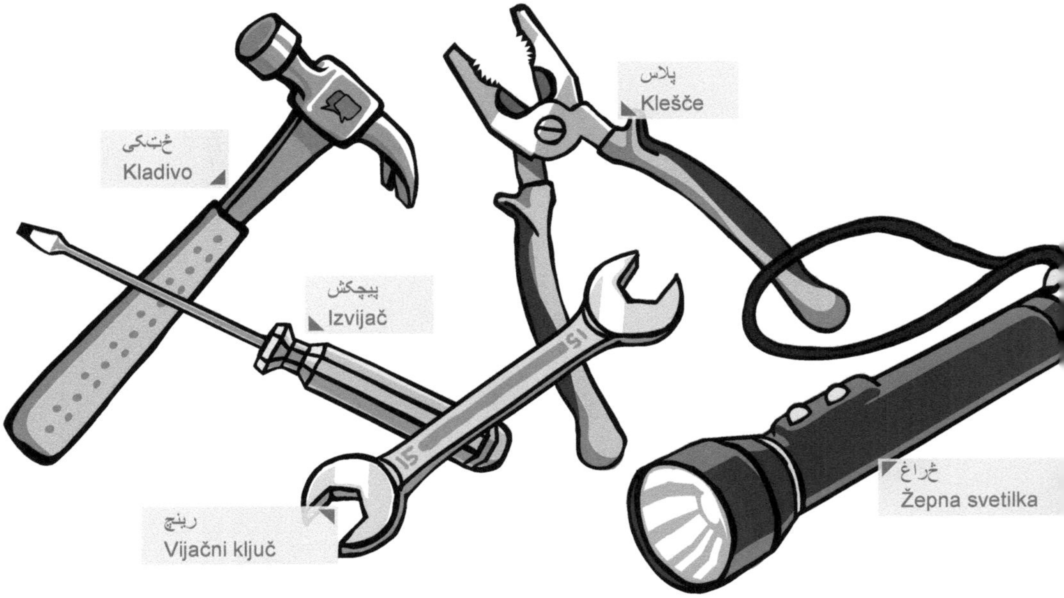
څټکی
Kladivo
پلاس
Klešče
پیچکش
Izvijač
رینچ
Vijačni ključ
څراغ
Žepna svetilka

کنستونکی

Bager

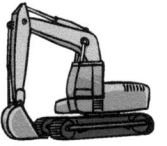

د لوازمو بکس

Zaboj z orodjem

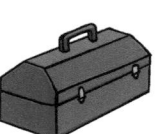

زینه

Lestev

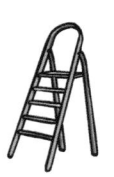

اره

Žaga

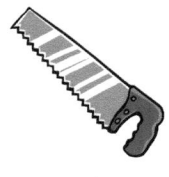

میخونه

Žeblji

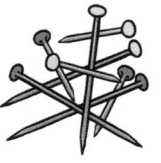

برمه

Vrtalnik

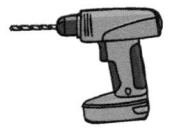

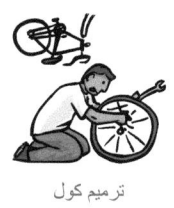

ترمیم کول

Popraviti

بیل

Lopata

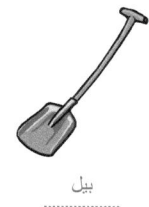

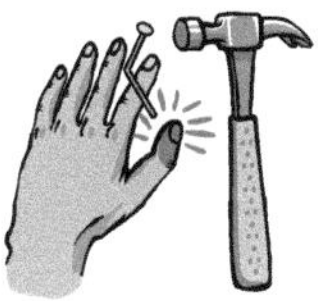

لعنت!

Šment!

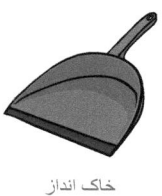

خاک انداز

Smetišnica

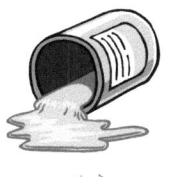

مشوانړی

Posoda z barvo

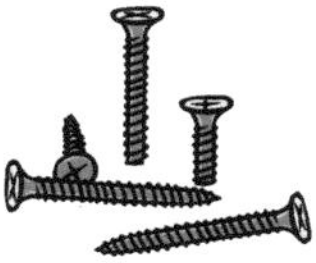

پیچونه

Vijaki

د میوزیک آلات
Glasbeni instrument

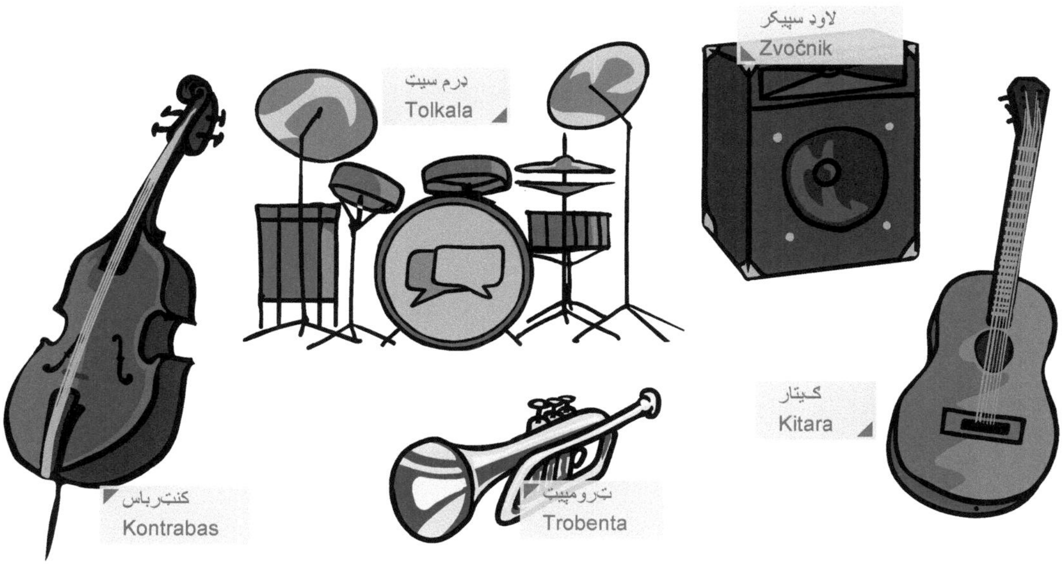
درم سیټ
Tolkala
لاود سپیکر
Zvočnik
ګیتار
Kitara
کنټرباس
Kontrabas
ټرومپیټ
Trobenta

پیانو
Klavir

وايلن
Violina

باس
Bas kitara

نغاره
Pavke

دمونه
Bobni

درب يي
Sintetizator

سیکسافون
Saksofon

ښپیلنی
Flavta

مایکروفون
Mikrofon

د میوزیک آلات - Glasbeni instrument

ژوبڼ

Živalski vrt

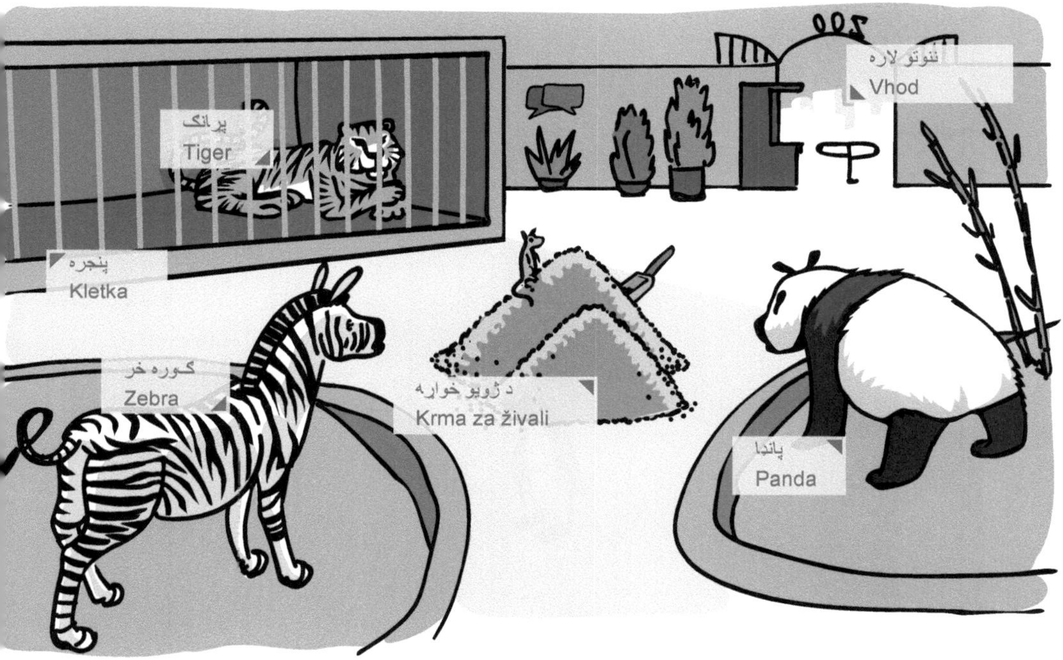

پړانګ
Tiger
پنجره
Kletka
ننوتو لاره
Vhod
ګوره خر
Zebra
د ژويو خواره
Krma za živali
پانډا
Panda

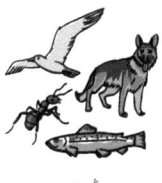

ژوی

Živali

هاتي

Slon

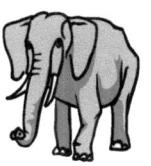

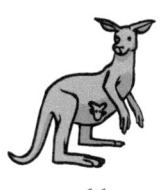

کنګرو

Kenguru

د اوبو اسپ

Nosorog

ګوریلا

Gorila

ایږه

Medved

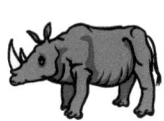

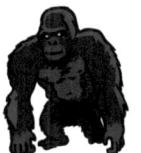

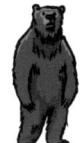

اوښ
....
Kamela

 شترمرغ
....
Noj

زمری
....
Lev

بيزو
....
Opica

غزی
....
Plamenec

طوطي
....
Papagaj

قطبي ايزه
....
Severni medved

پينګوين
....
Pingvin

شارک
....
Morski pes

طاوس
....
Pav

مار
....
Kača

تمساح
....
Krokodil

ژوبڼ ساتونکی
....
Oskrbnik v živalskem vrtu

سيل
....
Tjulenj

جګوار
....
Jaguar

بابو
Poni

پرانگ
Leopard

هيپو
Povodni konj

زرافه
Žirafa

باز
Orel

خوک نر
Divji prašič

کب
Riba

شمشتی
Želva

سمندري نولی
Mrož

گيدره
Lisica

هوسی
Gazela

امریکایی فټبال
Ameriški nogomet

سایکل خغلول
Kolesarjenje

تینیس
Tenis

باسکیتبال
Košarka

لامبو
Plavanje

باکسینګ
Boks

د کنګل هاکي
Hokej

فټبال
....
Nogomet

کسیزه
....
Badminton

د خغاستي لوبي
....
Atletika

د هندبال
....
Rokomet

سکي
....
Smučanje

پولو
....
Polo

Dejavnosti

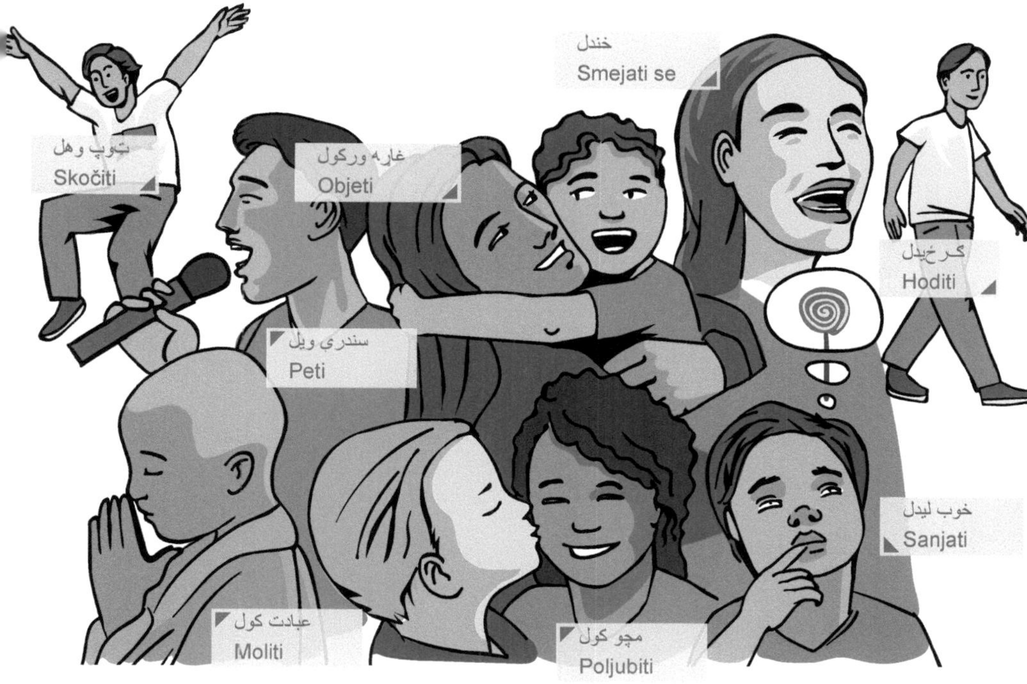
ټوپ وهل
Skočiti
غاړه ورکول
Objeti
خندل
Smejati se
ګرځېدل
Hoditi
سندرې ویل
Peti
خوب لیدل
Sanjati
عبادت کول
Moliti
مچو کول
Poljubiti

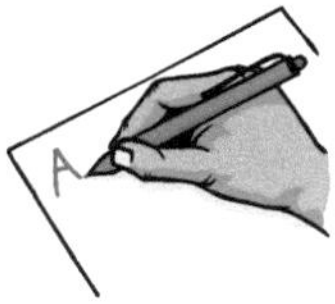

لیکل
....
Pisati

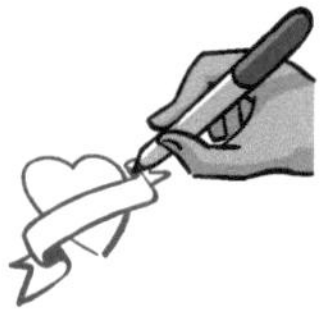

کښل
....
Risati

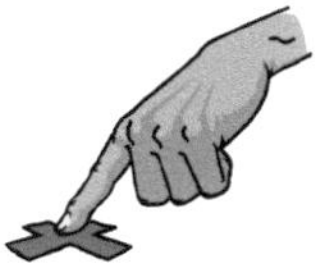

ښودل
....
Pokazati

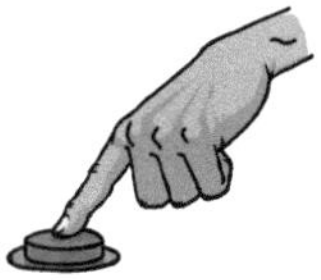

ټېله کول
....
Potisniti

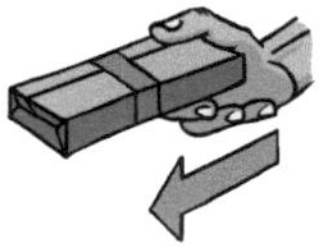

ورکول
....
Dati

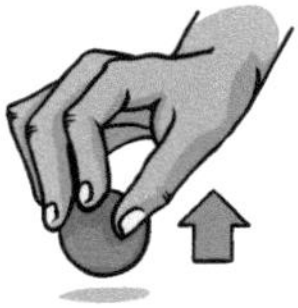

اخیستل
....
Vzeti

درلولدل

Imeti

کول

Narediti

پاييدل

Biti

ودريدل

Stati

منډي وهل

Teči

راکښل

Vleči

کوزارل

Vreči

لويدل

Pasti

څملاستل

Ležati

انتظار کول

Čakati

ورل

Nositi

کښيناستل

Sedeti

پوښاک اغوستل

Obleči se

ويده کيدل

Spati

پاڅيدل

Zbuditi se

کتل

Gledati

ژړل

Jokati

بریدکول

Božati

کـمذخ کول

Česati se

خبری کول

Govoriti

پوهیدل

Razumeti

غوښتل

Vprašati

اوریدل

Poslušati

څښل

Piti

خورل

Jesti

پاکول

Pospraviti

مینه کول

Ljubiti

پخلی کول

Kuhati

موټر چلول

Voziti

الوتل

Leteti

لوڅ ی چلول

Jadrati

حساب

Računanje

لوستل

Brati

زده کول

Učiti se

کار کول

Delati

واده کول

Poročiti se

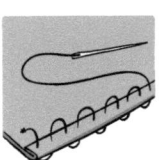

ګنډل

Šivati

د غاښونو برس سره کول

Ščetkati si zobe

وژل

Ubiti

سګرټ څښل

Kaditi

لیرل

Poslati

فعاليتونه - Dejavnosti

Družina

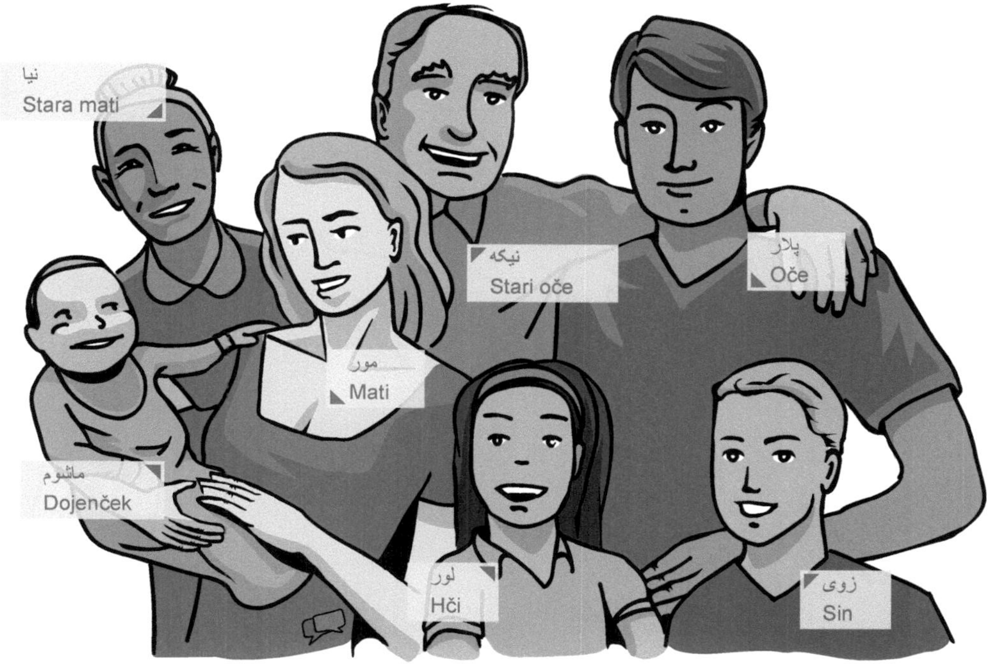
نیا
Stara mati
نیکه
Stari oče
پلار
Oče
مور
Mati
ماشوم
Dojenček
لور
Hči
زوی
Sin

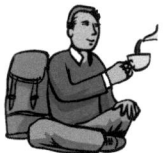

میلمه

Gost

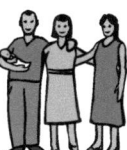

ترور

Teta

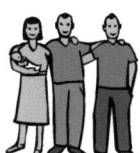

کاکا/ماما

Stric

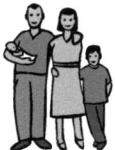

ورور

Brat

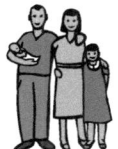

خور

Sestra

بدن
Telo

تندی
Čelo
سترگې
Oko
مخ
Obraz
زنه
Brada
گوته
Prst
لاس
Dlan
سینه
Prsi
مټ
Roka
اوږه
Rama
پښه
Noga

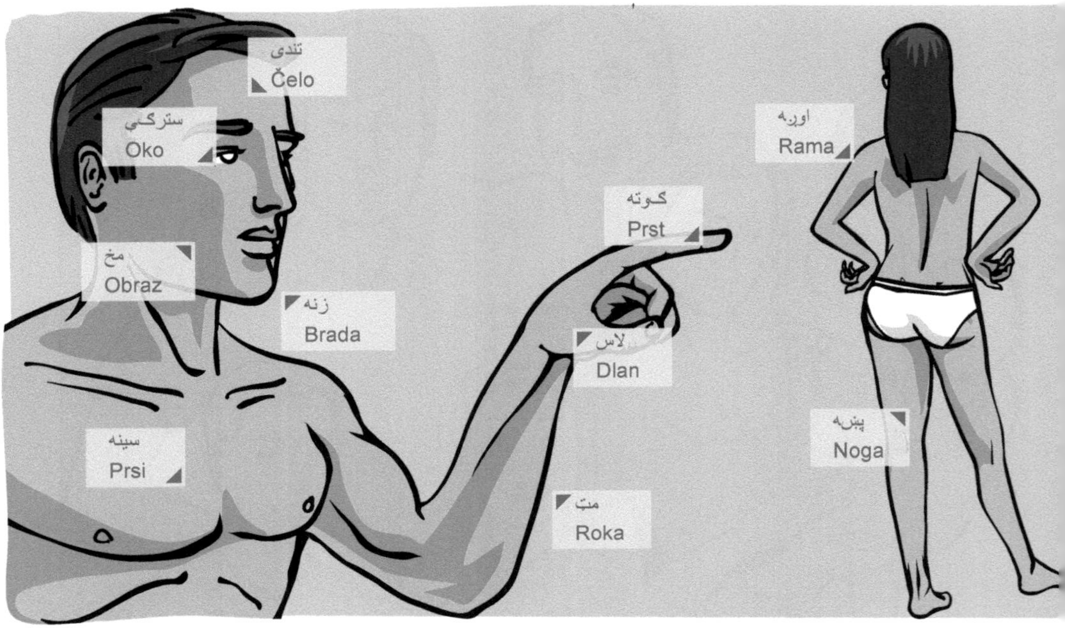

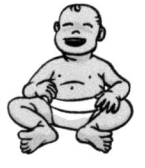

ماشوم

Dojenček

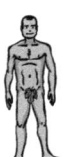

سړی

Človek

ښځه

Ženska

انجلۍ

Dekle

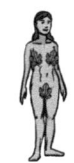

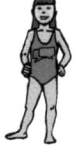

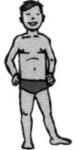

هلک

Fant

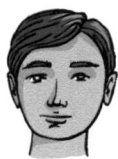

سر

Glava

شا
Hrbet

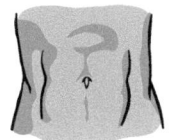

خیټّه
Trebuh

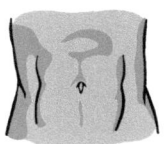

مون
Popek

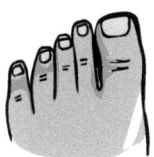

د پښې کوته
Prst na nogi

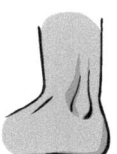

پونده
Peta

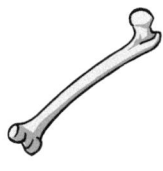

هډوکی
Kost

کوناټی
Kolk

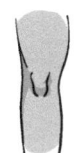

زنګون
Koleno

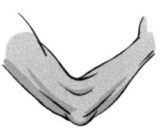

څنګل
Komolec

پوزه
Nos

لاندی برخه
Zadnjica

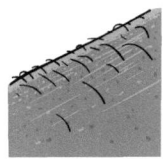

پوتکی
Koža

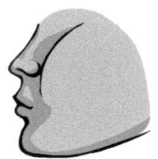

غومبوری
Lice

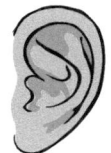

غوږ
Uho

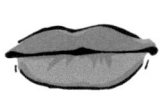

شونډه
Ustnica

خوله

Usta

غاښ

Zob

ژبه

Jezik

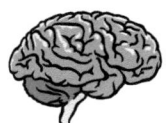

مغز

Možgani

زره

Srce

عضله

Mišica

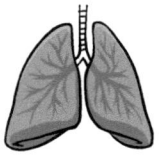

سږی

Pljuča

ځیگر

Jetra

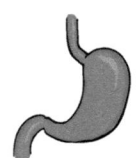

معده

Želodec

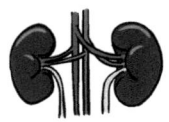

پښتورګي

Ledvice

جنسي نږدي والی

Spolni odnos

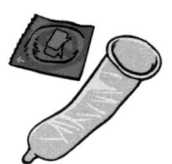

کاندوم

Kondom

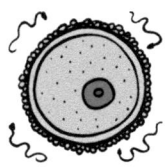

تخمه

Jajčece

مني

Semenska tekočina

حمل

Nosečnost

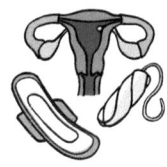

حيض
Menstruacija

مهبل
Vagina

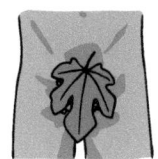

د نارينه تناسلي آله
Penis

وروځی
Obrv

ويښته
Lasje

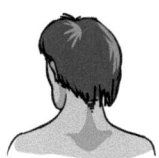

غاړه
Vrat

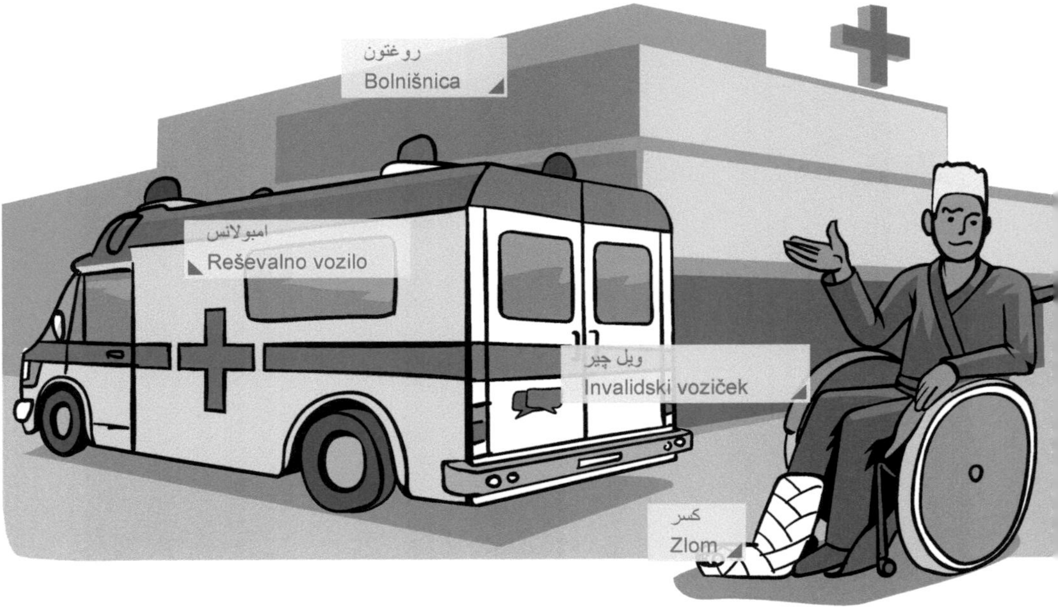

روغتون
Bolnišnica

روغتون
Bolnišnica
امبولانس
Reševalno vozilo
ویل چیر
Invalidski voziček
کسر
Zlom

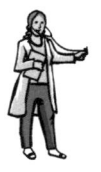

داکټر

Zdravnik

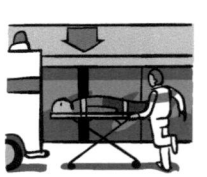

عاجل خونه

Urgenca

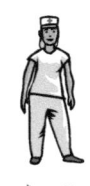

رنځورپال

Medicinska sestra

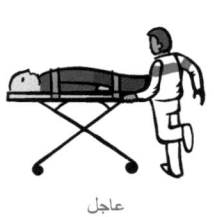

عاجل

Nujni primer

بې هوش

Nezavesten

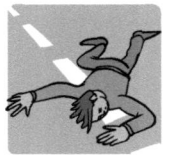

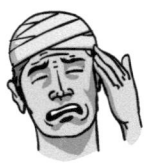

درد

Bolečina

پټ

Poškodba

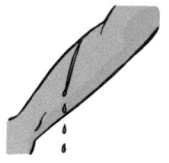

لدیدوت هنیو

Krvavenje

د زړه حمله

Srčni infarkt

بړض

Kap

حساسیت

Alergija

خوټی

Kašelj

تبه

Vročina

انفلوینزا

Gripa

نس ناستی

Driska

سر درد

Glavobol

سرطان

Rak

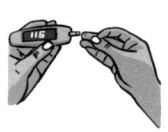

شکر

Sladkorna bolezen

جراح

Kirurg

سکالپل

Skalpel

عملیات

Operacija

سی‌تی

CT

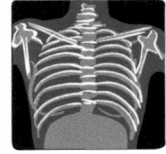

ری ایکس

Rentgen

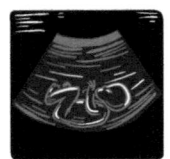

الترا ساوند

Ultrazvok

ماسک خم د

Obrazna maska

غاروان

Bolezen

انتظار خونه

Čakalnica

آسما

Bergla

پلستر

Obliž

بنداژ

Preveza

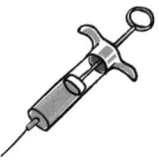

تزریق

Injekcija

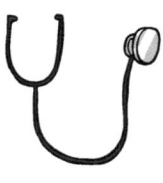

ستاتسکوپ

Stetoskop

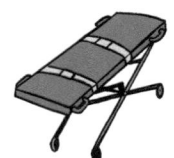

تسکیره

Nosila

کلینیکي ترمامیټر

Klinični termometer

زیږون

Porod

وزن زیات

Prekomerna teža

د اوریدو مرسته

Slušni pripomoček

د عفونيت ځخه پاکونکي مواد

Razkužilo

عفونيت

Okužba

ويروس

Virus

ايدز/ايچ.ايد.وي

HIV / AIDS

درمل

Medicina

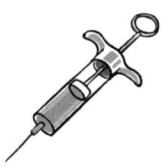

واکسين

Cepljenje

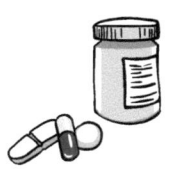

ټابليټت

Tablete

ګولۍ

Tableta

عاجل تلیفون

Klic v sili

د وينی د فشار ځارونکی

Merilnik krvnega tlaka

ناروغ/لاروغ

bolano / zdravo

Nujni primer

مرسته!

Na pomoč!

الارم

Alarm

يرغل

Napad

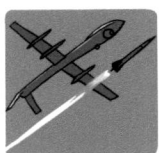

بريد

Napad

خطر

Nevarnost

هره لاره لجاع

Izhod v sili

اورا!

Gori!

د اور وژونکی

Gasilni aparat

پيښه

Nezgoda

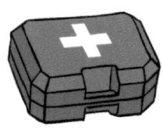

د لومړی مرستی لوازم

Komplet za prvo pomoč

ايس.او.ايس

SOS

پوليس

Policija

اروپا

Evropa

شمالي امریکا

Severna Amerika

سهیلي امریکا

Južna Amerika

افریقا

Afrika

آسیا

Azija

آستربلیانا

Avstralija

اتلانتیک

Atlantski ocean

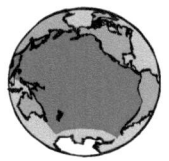

پاسیفیک

Tihi ocean

د هند بحر

Indijski ocean

جنوبي منجمد بحر

Južni ocean

د شمال قطب بحر

Arktični ocean

شمالي قطب

Severni tečaj

سهيلي قطب
....
Južni tečaj

انتـارکتـیکا
....
Antarktika

خمکه
....
Zemlja

خمکه
....
Kopno

بحر
....
Morje

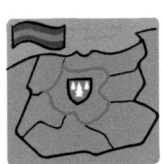

نتـاپو
....
Otok

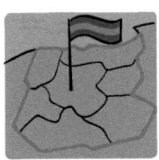

ملت
....
Narod

دولت
....
Država

د مخي ساعت

Številčnica

د ساعت ستنه

Urni kazalec

د دقیقی ستنه

Minutni kazalec

د ثانیی ستنه

Sekundni kazalec

څو هه وخت دی؟

Koliko je ura?

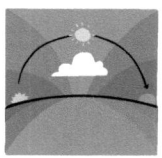

ورخ

Dan

وخت

Čas

اوس

Zdaj

دیجیتل ساعت

Digitalna ura

دقیقه

Minuta

ساعت

Ura

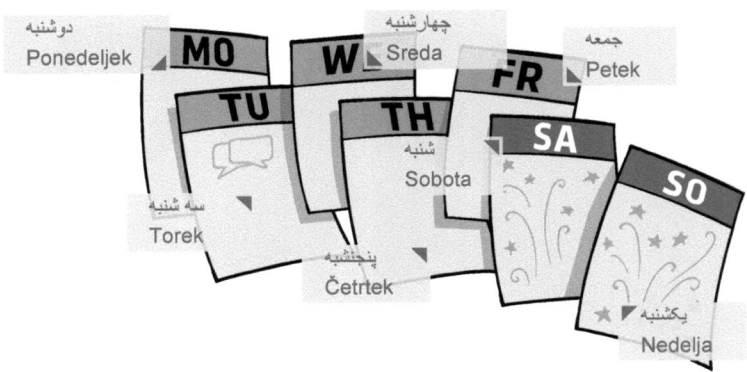

دوشنبه
Ponedeljek

چهارشنبه
Sreda

جمعه
Petek

سه شنبه
Torek

پنجشنبه
Četrtek

شنبه
Sobota

یکشنبه
Nedelja

پرون
Včeraj

نن
Danes

سبا
Jutri

سهار
Jutro

غرمه
Poldne

ماښام
Večer

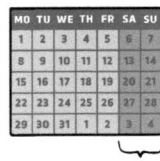

کاري ورځی
Delovni dnevi

د اونۍ پای
Konec tedna

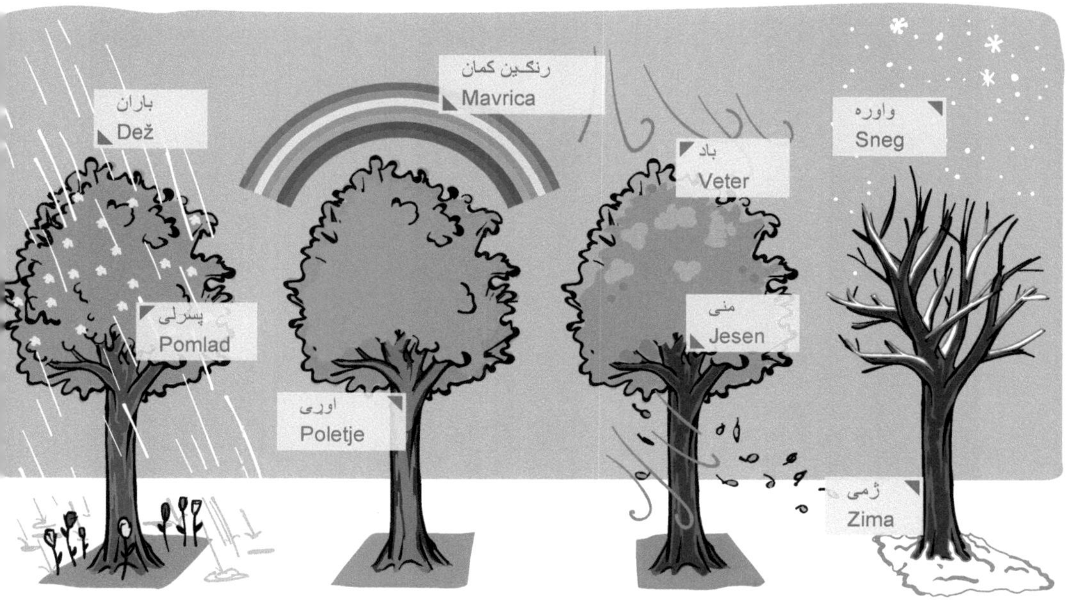

باران
Dež

رنګین کمان
Mavrica

واوره
Sneg

باد
Veter

پسرلی
Pomlad

منی
Jesen

اوړی
Poletje

ژمی
Zima

د موسم وړاندوینه

Vremenska napoved

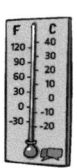

ترمومیټر

Termometer

د لمر وړانګی

Sončna svetloba

وریځ

Oblak

لړه

Megla

رطوبت

Vlažnost

انرا

Strela

تندر

Grom

توفان

Nevihta

ژلی وریدل

Toča

مون سون باران

Monsun

سیلاب

Poplava

یخ

Led

جنوري

Januar

فبروري

Februar

مارچ

Marec

اپریل

April

می

Maj

جون

Junij

جولای

Julij

اگست

Avgust

سپتمبر
....
September

اکتوبر
....
Oktober

نومبر
....
November

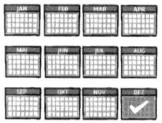

دسمبر
....
December

دایره
....
Krogla

مربع
....
Kvadrat

مستطیل
....
Pravokotnik

مثلث
....
Trikotnik

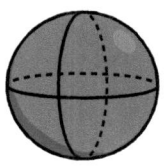

توپ
....
Krogla

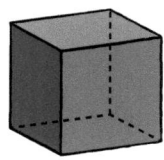

فال
....
Kocka

سپين

Bela

ژیر

Rumena

نارنجي

Oranžna

گلابي

Rožnata

سور

Rdeča

ارغواني

Vijolična

نيلي

Modra

شین

Zelena

نسواري

Rjava

خر

Siva

تور

Črna

خورا ډير/خورا لږ

veliko / malo

قار/ارام

jezno / umirjeno

ښکلى/بدشكله

lepo / grdo

پيل/پاى

začetek / konec

لوى/کوچنى

veliko / majhno

روښانه/تياره

svetlo / temno

ورور/خور

brat / sestra

پاک/ككر

čisto / umazano

مکمل/نامکمل

popolno / nepopolno

ورځ/شپه

dan / noč

مرل/ژوندى

mrtvo / živo

پراخه/نرى

široko / ozko

د خوراک وړ/نه خورلر کیدونکی

....

užitno / neužitno

بد/مهربان

....

zlobno / prijazno

پاریدلی/بی خونده

....

vznemirjeno / zdolgočaseno

چاق/وچ

....

debelo / vitko

لومړی/وروستی

....

prvo / zadnje

ملګر/دښمن

....

prijatelj / sovražnik

ډک/تش

....

polno / prazno

سخت/نرم

....

trdo / mehko

درون/سپک

....

težko / lahko

لوږه/تنده

....

lakota / žeja

غور/ناروغ

....

bolano / zdravo

غیرقانوني/قانوني

....

nezakonito / zakonito

هوښیار/ساده

....

pametno / neumno

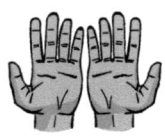

کین/ښی

....

levo / desno

نږدې/لري

....

blizu / daleč

روز/ویون

novo / rabljeno

هه‌چوخ/چیه

nič / nekaj

نوان/بدا

staro / mlado

چالا/بند

vklopljeno / izklopljeno

خلاص/اترلی

odprto / zaprto

غلی رور غربر

tiho / glasno

بدایه/غریب

bogato / revno

صحیح/غلط

prav / narobe

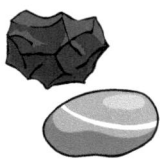

زیر/ملایم

grobo / gladko

خفه/خوش

žalostno / veselo

لنڈ/اورد

kratko / dolgo

سست/گرندی

počasi / hitro

لول/ند/وچ

mokro / suho

کرم/یخ

toplo / hladno

جکره/سوله

vojna / mir

0	**1**	**2**
صفر	يو	دوه
Ničla	Ena	Dva

3	**4**	**5**
درى	رولغ	پنځه
Tri	Štiri	Pet

6	**7**	**8**
شپږ	اوه	اته
Šest	Sedem	Osem

9	**10**	**11**
نهه	لس	سلولو
Devet	Deset	Enajst

12

دولس

Dvanajst

13

دیارلس

Trinajst

14

خواورلس

Štirinajst

15

پنځخلس

Petnajst

16

شپارس

Šestnajst

17

وولس

Sedemnajst

18

اتلس

Osemnajst

19

نولس

Devetnajst

20

شل

Dvajset

100

لس

Sto

1.000

زر

Tisoč

1.000.000

میلیون

Milijon

انگلسي

Angleščina

امریکایی انگلسي

Ameriška angleščina

چینایی مندرین

Mandarinščina

هندي

Hindujščina

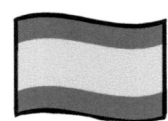

هسپانوي

Španščina

فرانسوي

Francoščina

عربي

Arabščina

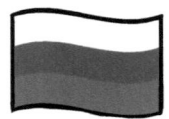

روسي

Ruščina

پرتگالي

Portugalščina

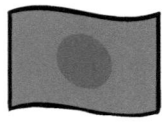

بنگالي

Bengalščina

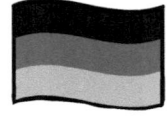

آلماني

Nemščina

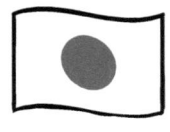

جاپاني

Japonščina

زه

Jaz

ته

Ti

هغه/دغه/دا

On / ona / tisto

مورر

Mi

تاسی

Vi

دوی/هغوی

Oni

څوک؟

Kdo?

څه؟

Kaj?

څنګه؟

Kako?

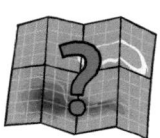

چیری؟

Kje?

کله؟

Kdaj?

نوم

Ime

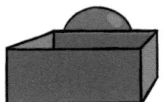

شاته

Zadaj

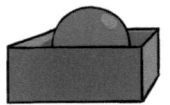

پہ

V

پہ مخه کی

Pred

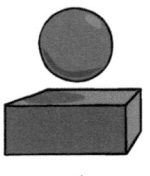

باندی

Nad

پہ

Na

لاندی

Pod

برسيره پر

Poleg

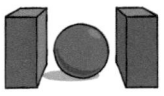

ترمينځ

Med

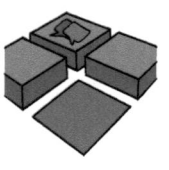

خای

Kraj